달에 맨 처음 오줌 눈 사나이

*《달에 맨 처음 오줌 눈 사나이》는
실제 있었던 일을 바탕으로 상상을 더해 쓴 동화입니다.

The original Norwegian title of the work :
Førstemann som pissa på månen

written by Endre Lund Eriksen and illustrated by Torill Kove
Copyright ⓒ 2009 Aschehoug Agency., Oslo
All rights reserved

Korean translation copyright ⓒ 2009 by Dhampus Publishing Co.,
Korean translation copyright arranged with H. Aschehoug & Co.
through Book Seventeen Agency, Seoul, Korea

이 책의 한국어판 저작권은 북세븐틴 에이전시(Book Seventeen Agency)를 통한
H. Aschehoug & Co.사와의 독점 계약으로 한국어 판권을 '담푸스'가 소유합니다.
저작권법에 의하여 한국 내에서 보호를 받는 저작물이므로 무단전재 및 복제를 금합니다.

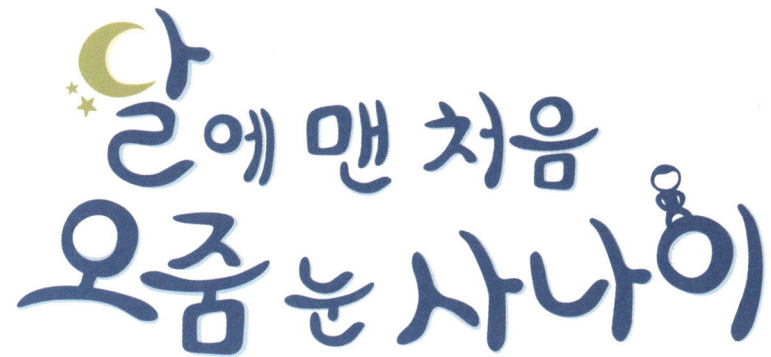

달에 맨 처음 오줌 눈 사나이

엔드레 룬드 에릭센 글 | 토릴 코베 그림 | 손화수 옮김

담푸스

버즈는 기분이 나빴다. 정말 말할 수 없을 정도였다.

사실 하늘을 날듯 좋아야 하는데 말이다. 버즈는 곧 여행을 떠날 참이었다.

아주 먼 여행. 지금껏 아무도 가 본 적 없는 달로 말이다.

그런데도 버즈는 기분이 안 좋았다. 이유가 있었다.

버즈는 가장 먼저 달에 발을 디디는 첫 번째 사람이 되기를 바랐다. 텔레비전에도 나오고, 세계에서 가장 유명한 사람이 되고 싶었다.

버즈는 우주 비행사들 사이에서 가장 박력 있는 사람이었다. 그래서 이번 달을 탐사하는 여행에도 참여할 수 있었다. 버즈는 한국 전쟁에도 참전하여 전투기를 조종하였다. 그리고 우주선을 탄 것도 이번이 처음은 아니었다. 심지어는 우주에서 뒤뚱뒤뚱 걸어 본 적도 있었다. 가느다란 줄에 매달려 몇 시간 동안 말이다. 그런데도 버즈는 전혀 무섭지 않았다.

버즈는 어떤 일도 무서워하지 않았다. 끔찍한 꿈을 꾸어도 금방 툭툭 털어 버렸다.

버즈는 우주 비행사들 사이에서 가장 힘이 세고 박력 있는 사람이며, 또 가장 웃기는 사람이기도 했다. 적어도 버즈 자신은 스스로가 그런 사람이라고 생각했다.

하지만 이젠 모든 것이 바뀌었다. 휴스턴에 있는 우주 관제소인 존슨우주센터* 대장은 버즈에게 두 번째가 되라고 했다. 물론 버즈는 달에 가는 탐사 팀에는 낄 수 있었다. 하지만 달에 발을 디디는 첫 번째 사람은 버즈가 아니라 닐

*존슨우주센터 : 휴스턴은 미국 텍사스 주에 있는 도시로 미국항공우주국(NASA)의 우주 관제소인 존슨우주센터가 있다. 1969년 달 탐사선 아폴로 11호의 우주 비행을 관리한 관제소이다.

이었다. 이것은 휴스턴 우주 관제소에서 결정한 것이다.

'두 번째'는 은메달이다. 은은 개똥만큼 값어치가 없다. 누구나 다 알고 있는 사실이다. 은은 그저 반짝이는 장신구로만 쓰일 뿐이다. 금메달은 다르다. 금은 전부다. 무진장한 값어치를 지니고 있다. 금을 가지고 있다면 온 세상을 가진 것이나 다름없다.

어쨌든 첫 번째로 달에 내릴 사람은 닐이었다. 닐이 앉은 자리가 달착륙선 문에서 가장 가깝기 때문이라고 말했다. 그래서 닐이 가장 먼저 달에 내리기 쉽다는 이유였다. 버즈는 머리가 돌 지경이었다. 닐을 첫 번째로 선택한 것은 닐이 항상 침착하고 매사에 완벽하게 일을 하기 때문이라는 걸 버즈는 잘 알고 있었다. 더욱이 사람들은 닐이 친절하다며 칭찬까지 했다. 아무도 닐에 대해 나쁜 말을 하는 사람은 없었다.

그래도 닐은 절대 박력 있는 사람은 아니었다. 박력 있는 사람을 들라면, 바로 버즈 자신이었다.

오늘이 바로 그날이다.

버즈는 화가 났다는 걸 감추고 싶지 않았다.

마이클은 바보 같은 미소를 짓고 있었다. 마이클은 언제나 콧노래를 흥얼거리며 기분 좋은 척했다. 오늘도 마찬가지였다. 버즈는 마이클을 이해할 수 없었다. 마이클은 우주선 밖에도 나오지 않고 달을 걸어 볼 수도 없는데 말이다. 마이클이 맡은 일은 버즈와 닐이 달에 내려가 있을 동안, 달 주위를 도는 우주선에 남아 여러 장비를 책임지고 돌보는 것이었다.

'흥, 닭대가리 같으니라고.'

버즈는 마이클을 바라보며 속으로 중얼거렸다.

버즈는 최대한 무뚝뚝하게 굴기로 결심했다. 말도 하지 않기로 마음먹었다. 평소와는 달리 농담도 하지 않을 생각이었다. 좋은 분위기를 억지로 만들 필요는 없었다. 버즈는 가능한 한 무뚝뚝하고 기분 나쁜 척 보이기로 했다. 첫 번째가 아니면 어떤가? 흔히 있는 일이다.

닐은 선장이었다. 우주선의 대장이다. 닐은 임무를 기록한 메모지에 특별히 신경을 썼다. 사소한 일도 빠트리지 않으려고 주의를 기울였다. 이것저것 안전을 기해야 할 일이 한둘이 아니었다.

"모두들 화장실에 다녀왔습니까?"

닐이 물었다.

"예!"

마이클이 미소를 지으며 힘차게 대답했다.

버즈는 아주 개인적인 일까지 간섭하는 닐이 못마땅했다. 대답을 할 필요도 없다고 생각했다.

'왜 그런 자잘한 것까지도 목숨 걸고 따라야 하는지 정말 이해할 수가 없어.'

버즈가 한숨을 쉬며 생각했다.

"그냥 휙 떠나면 안 되나요?"

닐은 엄한 눈빛으로 버즈를 바라보았다. 마이클 얼굴에서 어느새 미소가 사라졌다.

"헤헤."

버즈는 얼른 분위기를 바꾸려고 멋쩍게 웃어 보였다.

"그냥 농담했을 뿐인데, 뭘 그러십니까?"

마이클은 긴장된 미소를 지었고, 닐은 메모지로 눈을 돌려 다시 다음 사항을 확인했다.

엔진이 움직였다. 우주선 전체가 마구 흔들렸다. 버즈는 뱃속이 간질간질했다. 긴장도 되었지만 좋은지 나쁜지 딱 꼬집어 말할 수 없는 이상한 기분이 들기도 했다.

곧 버즈는 마음을 가라앉혔다. 결심했던 것처럼 계속 무뚝뚝한 표정을 짓기로 말이다.

휴스턴 우주 관제소에서 숫자를 세기 시작했다.*

"10, 9, 8, 7, 6, 5, 4, 3."

3을 셀 때, 버즈는 갑자기 화장실에 가고 싶어졌다. 금방이라도 오줌이 나올 것 같았다. 그렇지만 버즈는 두 눈을 꼭 감고 자신의 기분이 나쁘다는 걸 닐과 마이클에게 보여 주려고 온갖 노력을 했다. 어느새 화장실에 가고 싶은 생각이 사라졌다.

"2, 1, 0."

곧 우주선은 엄청난 진동과 함께 하늘로 날아오르기 시작했다.

대기권*을 벗어나자, 버즈는 더 이상 무뚝뚝한 표정을

---

*케네디우주센터 : 달착륙에 성공한 우주선 아폴로 11호는 미국 플로리다에 있는 케네디우주센터에서 발사하였다. 비행을 관리한 우주 관제소는 휴스턴에 있다.

*대기권 : 지구를 둘러싸고 있는 공기층으로 땅에서 약 1,000킬로미터까지의 높이다.

지을 수 없었다. 지구를 벗어났다는 생각에 기쁜 마음을 감출 수가 없었다. 버즈는 이렇게 즐거운 기분이 생기는 것은 무중력 상태 때문이라고 생각했다. 손이 저절로 허공을 가르며 움직였다. 온몸이 새털처럼 가벼워진 느낌이었다.

우주선 밖의 모습은 말로 표현할 수 없을 정도로

아름다웠다. 지구를 멀리 떨어져서 보니 정말 예쁘게 보였다. 휴스턴 우주 관제소는 개미새끼처럼 조그맣게 보였다.

버즈는 마이클이 계기판* 손잡이에 온 정신을 집중하는 걸 알아챘다. 달착륙선의 방향을 바꾼 뒤, 균형을 잃지 않기 위해서였다.

"저……, 있잖아요?"

버즈는 마이클을 흘끗 바라보며 닐에게 말했다.

"대장님은 꽤 멋있고 친절한 사람이 아닙니까, 그렇죠?"

"음……."

닐은 해야 할 일들이 가득 적힌 메모지 뒷면에 무언가를 적으면서 건성으로 대답했다.

"휴스턴에선……."

버즈는 조금 주저하며 말을 이었다.

---

*계기판 : 기계 장치의 움직임 상태를 알리거나 재는 눈금이 새겨진 판.

"우리가 원래 계획을 조금 바꾼다고 해도 그다지 크게 문제가 안 될 것 같은데요. 그렇게 생각하지 않으세요?"

"음……."

닐은 여전히 메모지에서 눈을 떼지 않았다.

"그러니까, 선장님보다 제가 먼저 달에 나간다 하더라도 휴스턴에선 뭐라 하지 않을 것 같아요."

닐은 그제야 고개를 들어 버즈를 바라보았다.

"그게 무슨 뜻이지?"

"대장님은 항상 모든 일에 철저한 데다 다른 사람들을 먼저 생각할 줄 아는 친절한 사람이 아닙니까? 그러니까 제가 달에 먼저 나간다 하더라도……."

닐은 한숨을 푹 내쉬었다.

"자네도 알다시피 우린 휴스턴 우주 관제소에서 지시한 대로 해야 해. 그 일들은 하나도 빠짐없이 이 종이에 다 적혀 있어. 만약 우리가 계획에서 벗어난 일을 한다면, 이 역사에 남을 일을 망칠 수도 있어. 그건 그렇고 휴스턴과 통신*을 해야 하니 좀 비켜 주게나."

닐은 버즈와 연결된 통신 연결선의 스위치를 껐다.

버즈는 도대체 왜 사람들이 닐을 친절하고 좋은 사람이라고 칭찬하는지 알 수 없었다.

우주선에 탑승한 뒤, 몇 시간이 지나갔다. 버즈는 몸에 꽉 끼는 우주복 때문에 땀을 비 오듯 흘렸다.

잠 잘 시간이 되자, 다행히 우주복을 벗을 수 있었다.

*통신 : 전화, 우편, 이메일 등으로 서로 대화를 나누거나 정보를 전달하는 것.

안전벨트를 풀자, 온몸이 마치 하늘을 날듯 여기저기 붕붕 떠다녔다. 몸의 균형을 잡기가 쉽지 않았다. 버즈는 마음과는 달리 마이클과 부딪쳤다. 그 덕분에 몸을 바로 세울 수 있었다.

마이클에게서 등을 돌린 버즈는 바보 같은 오줌 주머니*를 몸에서 떼어 냈다. 우주선에 탔을 때부터 계속 차고 있었다. 그때 마이클이 다가와 일부러 몸을 부딪쳤다.

"앗, 미안해요."

마이클이 씩 미소를 지었다.

닐은 여전히 휴스턴 우주 관제소와 통신을 하고 있었다.

*오줌 주머니 : 화장실이 없던 아폴로 우주선에서 사용하기 위해 만든 주머니 모양의 간이 소변기이다.

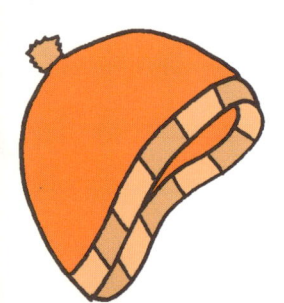 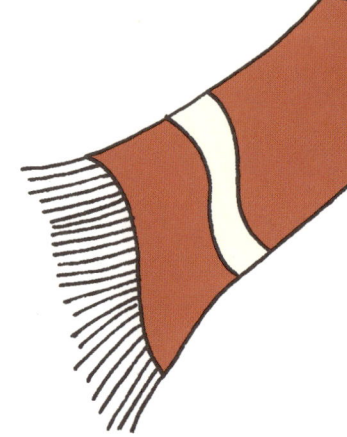

할 말이 무지 많은가 보았다. 닐이 버즈와 마이클과 연결된 통신선을 꺼 놓아서, 두 사람은 닐이 무슨 말을 하는지 알 수 없었다.

"버즈, 자네 우리 팀에 겨우 끼게 되었다고 들었는데?"

마이클이 말했다.

"흥! 사실을 말해 줄까? 달에 가장 먼저 발을 디딜 사람은 나였다고!"

"쯧쯧……. 자네 마음이 어떨지 알 것 같아."

버즈는 짜증이 나서 견딜 수 없었다.

"적어도 난 달구경도 못 하고 우주선 안에 앉아 있어야만 하는 자네보다는 낫다고!"

마이클은 말없이 빙긋 미소만 지었다.

"달에 발을 디디는 건 생각처럼 위험하지 않을 거야. 잘해 보라고. 그런데 말이지……, 만약 달 표면이 수천 미터의 높이로 먼지가 쌓여 있다는 과학자들의 말이 사실이라면 어떻게 하지? 그러면 달착륙

선은 내려앉자마자 달 속으로 가라앉고 말 거야."

"쳇! 그게 사실이 아니라는 건 어린애들도 잘 알고 있어."

버즈가 코웃음을 쳤다.

"장담할 순 없어."

마이클이 심각하게 말했다.

"어쨌든 달착륙선 아래에 카메라가 달려 있어서 다행이야. 뭐 이번에 실패하더라도 카메라에 찍힌 사진을 보고, 다음에 다시 한다면 성공할 거야."

마이클은 기분 나쁜 웃음을 지었다.

버즈는 대답할 생각조차 하지 않았다. 마이클 같은 바보에겐 무슨 말을 해도 먹혀들지 않을 거라 생각했다.

"달에 위험한 병균이 있을지도 몰라."

마이클은 아랑곳하지 않고 계속 말을 이었다.

"페스트나 콜레라 같은 병균 말이야. 어쩌면 약으로도 치료할 수 없는 이상한 병균이 있을지도 모르지."

더 이상 버즈는 마이클 말에 귀를 기울이지 않았다.

우주선 밖으로 보이는 지구는 마치 어둠 속에서 스스로 빛을 내는 지구본 같았다.

"아무도 알 수 없어. 달에 갔던 사람은 지금까지 아무도 없었잖아. 사람들에게 정말 위험한 곳일지도 몰라."

"흥! 바보 같은 소리!"

버즈는 코웃음을 쳤다.

그때 닐이 헛기침을 하였다. 버즈와 마이클이 모르는 사이에 닐이 통신 연결선을 켜 놓았던 것이다.

"무슨 일이지?"

닐이 물었다.

"아무것도 아니에요."

버즈가 대답했다.

"버즈가 기분이 좀 나쁜가 봐요."

마이클이 말했다.

"전 버즈가 항상 활발하고 유머 감각도 풍부한 사람인 줄 알았거든요. 아마 우주 여행 때문에 긴장했나 봐요."

버즈는 정말 기분이 나빠져 이맛살을 찌푸리지 않을 수 없었다. 이빨을 지그시 깨물고 마이클을 무시하기로 했다. 우주선 밖은 칠흑처럼 어두웠다. 멀리 별빛이 간간이 보이긴 했지만 말이다.

마이클은 카드 놀이를 하고 싶어 했다. 버즈는 카드 놀이는 아이들이나 하는 유치한 장난이라며 거절했다.

"그건 그렇고……, 계획대로라면 지금 우린 잠을 잘 시간이야."

버즈는 침낭*으로 헤엄치듯 갔다.

닐은 버즈 말에 얼른 메모지를 살펴보았다.

"아니야, 아직 한 시간이 남았어. 잠을 자기 전에 오줌 누는 걸 잊지 말게!"

버즈는 오줌 주머니에 소변을 보는 동안 마이클이 자기를 뚫어지게 바라보고 있다는 걸 느꼈다. 버즈는 과학자들이 왜 오줌 주머니를 더 잘 만드는 데, 관심을 두지 않는지 이해할 수 없었다. 사람을 달까지 보낼 수 있는 기술이라면, 우주선에 화장실 하나쯤 만드는 건 식은 죽 먹기일 텐데 말이다.

침낭 속에서 버즈는 갑자기 이상한 생각이 들었다. 진짜 달까지 사람을 보내는 기술은 믿을 만한 것인가? 우주선에 화장실도 만들지 못하는 기술로 어떻게 사람을 달로 보낼 수 있지? 어쩌면 이 여행은 처음부터 실패할 운명일

***침낭** : 여러 겹으로 된 천 사이에 솜, 깃털 따위를 넣어 만든 자루 모양의 잠을 잘 때 쓰는 도구이다.

지도 모른다.

하지만 버즈는 무섭지 않았다. 버즈는 그 따위로 무서워할 사람이 아니었다.

달까지 가는 데는 약 삼 일이 걸렸다.

아주 긴 여행이었다. 특히 마이클과 같은 사람과 함께라면 말이다. 지루하고 더구나 몸을 잘 움직일 수도 없는 딱딱한 의자에 하루 종일 앉아 있어야만 했다.

삼 일이라는 시간은 계속 무뚝뚝한 표정을 짓기에도 긴 시간이었다. 그래도 버즈는 우주인이 아닌가. 마음먹은 일이 있다면 결국 해 내고야 마는 사람이었다.

한 가지 문제가 있다면 어떻게 닐의 마음을 바꾸어서 버즈가 먼저 우주선 밖으로 나갈 것인가였다.

버즈는 마이클이 휴식실로 쉬러 가자, 지금이 기회라고 생각했다. 머리를 잘 굴려야겠다고 생각한 버즈는 조심스레 닐에게 말을 꺼냈다. 무엇보다 닐이 버즈의 속마음을 눈치 채지 못하도록 만드는게 중요했다. 우주선 밖에는 셀 수 없이 많은 하얀 점들이 보였다.

어느새 돌아와 자리에 앉은 마이클의 표정에는 무슨 꿍꿍이가 있는 것처럼 보였다.

***광년** : 빛이 일 년 동안 가는 거리. 93억 광년은 빛이 93억 년을 가는 거리이다.

 삼 일째 밤, 버즈는 무언가 이마에 쿵 부딪치는 바람에 잠에서 깼다.

 버즈는 천장에 붕 떠 있었다. 분명 침낭에서 얌전히 잠

을 자고 있었는데 말이다. 정말 이상했다.

"오, 거기서 자는 거야?"

마이클이 빈정거리는 미소를 지으며 말했다.

"몽유병이 있는 거 아니야?"

버즈는 이해할 수가 없었다.

"잠자면서 걸어 다닌 적은 한 번도 없었어."

"아무래도 긴장이 되나 봐, 쯧쯧. 긴장을 하면 그럴 수도 있거든."

마이클이 말했다.

그때 닐이 눈을 살짝 뜨고는 둘을 바라보았다.

"버즈가 깼어요."

마이클이 닐에게 일러바쳤다.

"달착륙선에서도 몽유병 환자처럼 자다가 걸어 다니면 어떻게 하죠? 그러다가 스위치라도 잘못 누르기라도 하면 우주선이 고장 날지도 몰라요. 그럼 우린 다시 지구로 돌아갈 수 없을지도 모른다고요."

마이클은 마구 웃음을 터뜨렸다.

"내 침낭을 연 사람은 바로 자네잖아!"

버즈가 화를 내며 소리쳤다.

하지만 마이클은 말없이 미소만 씩 지을 뿐이었다.

"버즈, 정말 이래야만 되겠습니까? 우주인으로서 자격

을 의심하지 않을 수가 없군요."

닐은 목소리를 높여 엄하게 말했다.

친절한 닐이 화를 내는 건 흔히 있는 일이 아니었다.

"모두 조용히 하게. 지금은 잘 시간이잖나."

닐은 몸을 돌리더니 눈을 감았다.

버즈는 잘 생각이 없었다. 만약 잠에 빠지면 온 얼굴이 치약 범벅이 될 것이 분명했다. 어쩌면 물이 든 양동이에 발을 담근 채 눈을 뜰지도 모르는 일이었다. 그래서 버즈는 잠을 자지 않는 게 가장 좋은 방법이라 생각했다.

다음 날 아침, 버즈는 여느 때보다 훨씬 기분이 나빴다. 잠을 설쳤기 때문이다. 버즈는 차라리 잘 되었다고 생각했다. 애써 노력하지 않아도 기분 나쁜 표정을 지을 수 있으니 말이다.

버즈는 마이클에게서 잠시도 눈을 떼지 않았다. 마이클의 빈정거리는 미소는 오늘 따라 더 성가셨다. 두 눈도 반짝반짝 빛나 보였다. 버즈는 마이클에게 분명히 무슨 꿍

꿍이가 있을 거라 짐작했다.

닐은 달착륙선으로 내려가 기계를 살펴보고 있었다. 닐과 마이클은 달착륙선을 이글(독수리) 호*라고 불렀다. 버즈는 닐과 마이클을 이해할 수 없었다. 달착륙선은 독수리보다는 거미처럼 보였기 때문이다. 하지만 버즈 생각에 맞장구 칠 사람은 없었다.

갑자기 마이클이 버즈 어깨를 툭 쳤다.

"지금 지구에 어떤 소문이 돌고 있는지 알아?"

"난 소문 같은 건 관심 없어."

버즈는 무뚝뚝하게 말하며 고도 계기판*을 살폈다.

"사람들은 자네가 겁쟁이라고 하던데……."

버즈는 머릿속이 폭발할 뻔했다.

"내가 겁쟁이라고!"

---

*이글 호 : 아폴로 11호의 달착륙선은 미국 상징이자, 아폴로 11호의 행운 동물인 흰머리수리를 따서 '이글 호'라고 불렸다.
*고도 계기판 : 비행기 등에서 높이를 재는 기계.

버즈는 화를 참을 수 없어 천둥처럼 큰 소리로 말했다.

그 바람에 마이크에서 '삐익' 잡음이 생겼다.

마이클은 입가에서 미소를 감추지 못했다. 양 귀에 입을 걸 듯 커다란 미소를 짓고 있었다.

"그래서 자네가 달에 가장 먼저 발을 디디면 안 된다고 하던걸. 수북한 먼지 속에 몸이 푹 빠져 버릴까 봐 말이지. 달에 있는 이상한 병균이 무서워 벌벌 떠는 사람이라고도 하던데?"

버즈는 더는 참을 수 없었다.

"그만해!!"

버즈는 닐이 그토록 크게 화를 내는 걸 한 번도 본 적이 없었다. 닐의 목소리는 부르르 떨리기까지 했다.

버즈는 마이클의 목을 잡았던 손을 슬그머니 놓았다. 닐의 얼굴은 붉으락푸르락 했다. 눈썹은 부르르 떨렸고, 이마는 핏줄이 금방이라도 뚫고 튀어나올 듯했다.

버즈는 몸을 사려야겠다고 생각했다. 달에 가장 먼저 내려가기 위해선 무슨 일이 있어도 닐의 비위를 맞추어야만 했다.

"하하, 그저 장난을 좀 쳤을 뿐이에요."

버즈는 아무것도 아니라는 듯 태연하게 말했다.

"그건 거짓말이에요."

마이클이 소리쳤다.

"버즈가 내 목을 잡고 죽이려 했어요. 선장님은 정말 이런 사람을 달에 데리고 갈 건가요?"

닐은 숨을 깊이 들이마시더니 두 눈을 지그시 감았다. 그리고 천천히 숨을 내쉬었다. 그러자 붉으락푸르락 했던 얼굴이 어느새 원래대로 돌아왔다. 언제나처럼 친절하고 기분 좋은 사람으로 돌아왔다.

그때 마이클이 헛기침을 했다.

"제가 버즈 대신 달에 가도 되지 않겠습니까?"

그러자 닐의 얼굴이 다시 붉으락푸르락 변했다.

"마이클! 버즈를 이해한다면 다시는 버즈를 데리고 장난치지 말게! 명심해!"

"그냥 해 본 말인데요……."

마이클은 수그러드는 목소리로 중얼거렸다.

닐은 버즈에게도 말했다.

"버즈, 자네도 알다시피 우주 관제소에서 결정한 일은 나도 어떻게 할 수가 없다네."

하지만 버즈는 포기할 마음이라곤 전혀 없었다. 무슨 일이 있어도 포기할 생각은 없었다. 그렇지만 버즈는 고개를 끄덕였다. 작전이었다. 불편한 순간을 지혜롭게 넘기기 위해선 가끔 마음에 없는 행동도 할 필요가 있다. 버즈는 다른 작전을 세울 생각이었다.

"이제 휴스턴과 대화를 해야겠어."

닐은 마이클과 버즈에게 연결된 통신선을 끊었다.

버즈는 마이클에게서 눈을 떼지 않았다. 마이클의 얼굴에선 빈정거리는 미소가 어느새 사라졌다. 가끔 마이클은 조심스레 닐에게 말을 걸려고 했다. 하지만 닐이 몸을 돌리면 마이클은 모르는 척 다른 곳으로 시선을 던졌다.

마이클은 닐에게 절대 복종했다. 버즈는 그것만큼은 잘 알고 있었다.

마이클은 버즈에게 심술궂은 말을 더는 하지 않았다. 하지만 버즈는 마이클을 그대로 둘 생각이 없었다. 버즈는 지구로 돌아갈 때까지 마이클에게 화난 표정을 지을 생각이었다.

우주선이 달에 가까워지자, 버즈는 갑자기 몸이 무거워지는 것 같아 의자에 푹 주저앉았다.

달의 중력* 때문이었다. 이제는 몸이 더 이상 우주선 안에서 붕붕 떠다니지 않았다.

"아, 저길 좀 봐!"

*중력 : 사과가 나무에서 떨어지는 것은 지구가 물체를 잡아당기는 힘을 말한다.
달도 지구처럼 작지만 중력을 가지고 있다. 달의 중력은 지구의 $\frac{1}{6}$ 크기이다.

마이클이 달을 가리키며 소리쳤다.

마치 버즈는 못 보고 혼자서만 본 것처럼 말이다. 버즈는 우주선의 창을 가득 채울 정도로 커다란 달을 못 본다면, 그건 바보라고 생각했다. 창밖에서는 회색의 나지막한 언덕들과 크레이터* 구멍들이 빠른 속도로 지나쳤다.

버즈와 닐은 우주복으로 갈아입었다. 한동안은 마이클과 떨어져 있게 되어서 버즈는 날아갈 듯 기뻤다. 버즈와 닐은 달착륙선으로 내려갈 참이었다. 달에 착륙할 시간이 다가왔다. 지금까지 단 한 번도 사람이 가지 않은 곳.

우주선은 달 주위를 여러 번 빙글빙글 돌았다.

마이클은 버즈의 손을 잡으며 어깨도 토닥토닥 두들겨 주었다. 마치 정다운 친구처럼 말이다. 심지어는 눈도 찡긋해 보였다. 그래도 버즈는 의심스러웠다. 도대체 마이클이 무엇 때문에 저렇게 갑자기 변한 걸까?

---

*크레이터 : 달이나 행성 표면에 운석 충돌이나 화산 운동으로 생긴 크고 작은 구멍을 말한다. 분화구라고도 한다.

"만약 내가 혼자서 지구로 돌아가면 어떻게 할 건가요?"

마이클이 장난스럽게 닐을 향해 물었다.

"마이클!"

닐은 대답 대신 엄하게 이름을 불렀다.

"농담이에요."

갑자기 마이클은 심각한 표정을 짓더니, 예의를 차리며 두 사람에게 말했다.

"행운을 빕니다!"

마이클은 버즈를 바라보았다.

마이클의 눈빛은 전과 달리 너무도 부드럽고 상냥하였다. 버즈는 마이클이 화해를 바란다고 생각했다.

'흥! 그런 일은 없을 거야!'

버즈는 뱃속이 살금살금 아파왔다. 아주 조금씩. 만약 일이 잘못 되어 목숨을 잃기라도 한다면, 마이클 기억에 어떤 모습으로 남을까? 아마도 끝까지 무뚝뚝하고 화난 표정으로 있었던 버즈일 것이다.

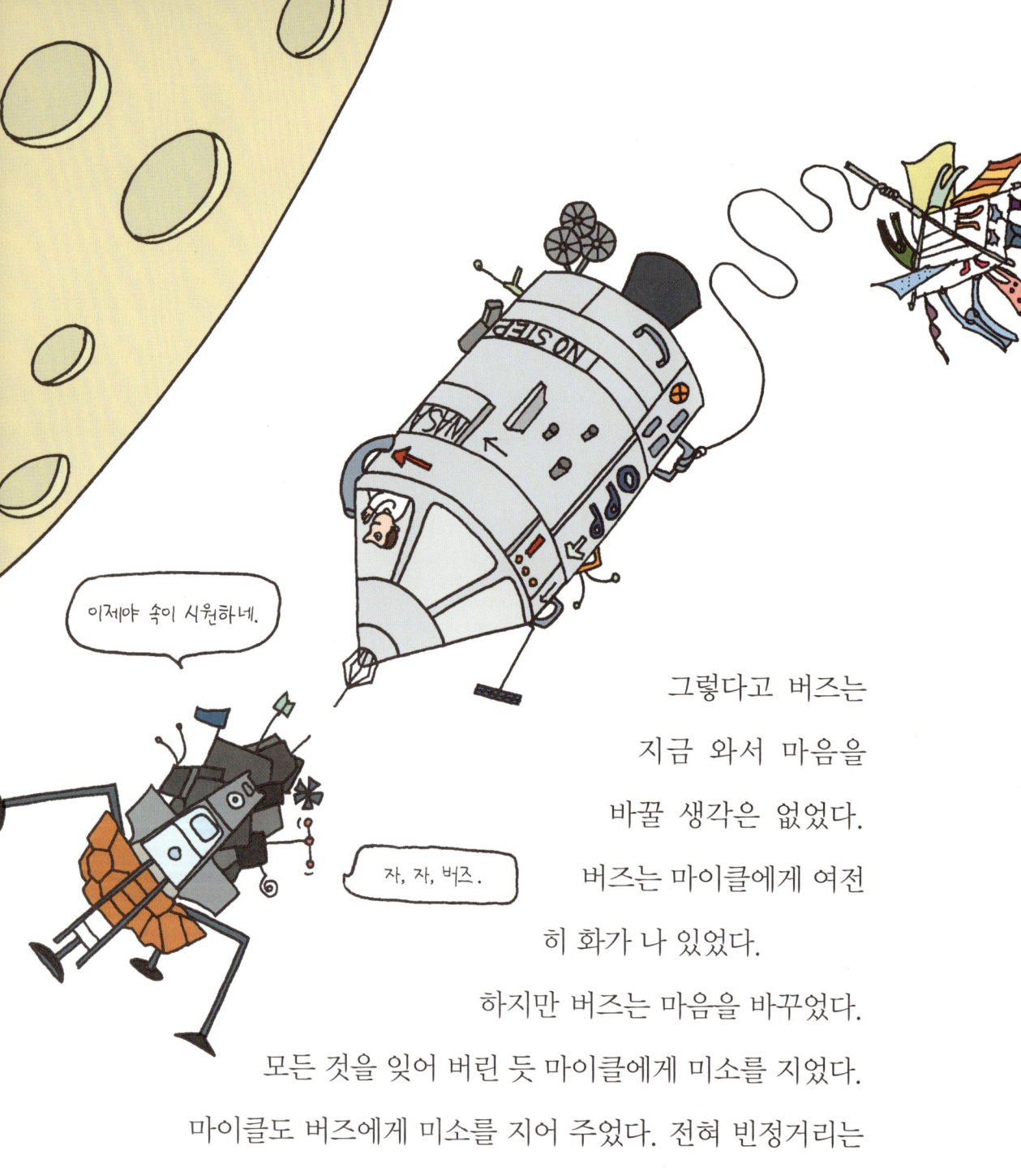

그렇다고 버즈는 지금 와서 마음을 바꿀 생각은 없었다. 버즈는 마이클에게 여전히 화가 나 있었다. 하지만 버즈는 마음을 바꾸었다. 모든 것을 잊어 버린 듯 마이클에게 미소를 지었다. 마이클도 버즈에게 미소를 지어 주었다. 전혀 빈정거리는 미소가 아니라 아주 상냥한 미소였다.

"자, 이제 나가야지."

버즈가 말했다.

드디어 달착륙선이 우주선에서 떨어져 나왔다.

"휴, 이제야 겨우 저 인간을 떨어뜨려서 속이 다 시원하네."

버즈가 말했다.

"자, 자……, 말조심 하게. 휴스턴 우주 관제소에선 우리가 하는 말을 다 들을 수 있다는 걸 명심하라고."

버즈는 점점 가까워지는 달을 내려다보았다. 마치 회색빛 재처럼 보이는 표면 곳곳에 크레이터 구멍이 있었다. 이 구멍들은 우주를 떠도는 별똥들이 달 표면에 부딪쳐서 남긴 흔적이었다. 태평양처럼 넓고 큼직한 구멍도 있었고, 계곡처럼 깊고 좁은 모양의 구멍도 있었다. 버즈와 닐은 곧 달에 인간의 첫 발자국을 남길 거라는 생각에 긴장했다. 발바닥이 간질간질했다.

긴장감과 기대감에 계속해서 무뚝뚝하고 화난 표정을

짓는 건 불가능했다. 하지만 버즈는 가능한 한 기분 나쁜 듯 딱딱한 표정을 지으려고 애를 썼다. 어렵진 않았다. 왜냐하면 버즈는 항상 최고니까.

버즈는 닐보다 먼저 우주선에서 나갈 방법이 없을까 궁리했다. 그건 여러 문제 때문에 쉽지 않을 것 같았다.

버즈와 닐은 새끼손가락 하나를 움직이는 것도 미리 정확히 연습을 해 두었다. 그래서 모든 계획을 갑자기 무시하고 마음대로 행동하는 것은 생각조차 할 수 없었다.

닐이 불같이 화 낼 것이 틀림없었다. 어쩌면 버즈와 마이클이 말다툼을 했을 때보다 더 무섭게 화를 낼 수도 있었다. 달착륙선 문을 쾅 닫고 혼자 나가 버릴지도 모를 일이었다.

만약 그렇게 된다면, 그보다 더 멍청한 일은 없을 것이다. 물론 버즈는 달에 첫 번째 발을 디디는 사람이 되고 싶었지만 달에서 가장 먼저 목숨을 잃는 사람은 되기 싫었다.

달 표면이 점점 가까워졌다.

닐은 지도와 화면에 보이는 그림에 집중하며 달착륙선을 조종했다. 버즈는 고도 계기판을 보며 수치를 읽었다. 버즈는 솔직히 이 모두가 아주 불공평하다고 생각했다. 항상 멋지게 보이는 일은 왜 닐이 도맡아 하는 것일까?

"달에 내려가면 무엇을 할 생각입니까?"

버즈가 물었다.

"잘 알고 있으면서 왜 묻나? 우린 먼저 달에 깃발을 꽂고, 암석과 흙을 채취할 거야. 그 다음엔 사진을 찍고……."

"아니, 제 말은 그게 아니라……. 개인적으로 특별히 할 일이 있는지 궁금해서요. 저는 달에 내려가면 먼저 뜀뛰기부터 해 볼 생각인데요."

"아, 그런 건 생각해 보지 않았어. 다른 중요한 것들부터 생각하느라 말이지. 예를 들어, 휴스턴 우주 관제소엔 무슨 말부터 해야 할까……. 이런 것들 말이야."

"예?"

"전 세계 사람들이 텔레비전으로 우릴 지켜볼 거야. 그러니 뭔가 멋진 말을 해야만 해."

닐은 메모지 뒷면을 버즈에게 보여주었다. 꽤 많은 문장들이 적혀 있었다. 그런데 이상한 것은 문장들 하나하나에 빠짐없이 줄이 그어져 있었다.

갑자기 닐이 심각한 목소리로 말했다.

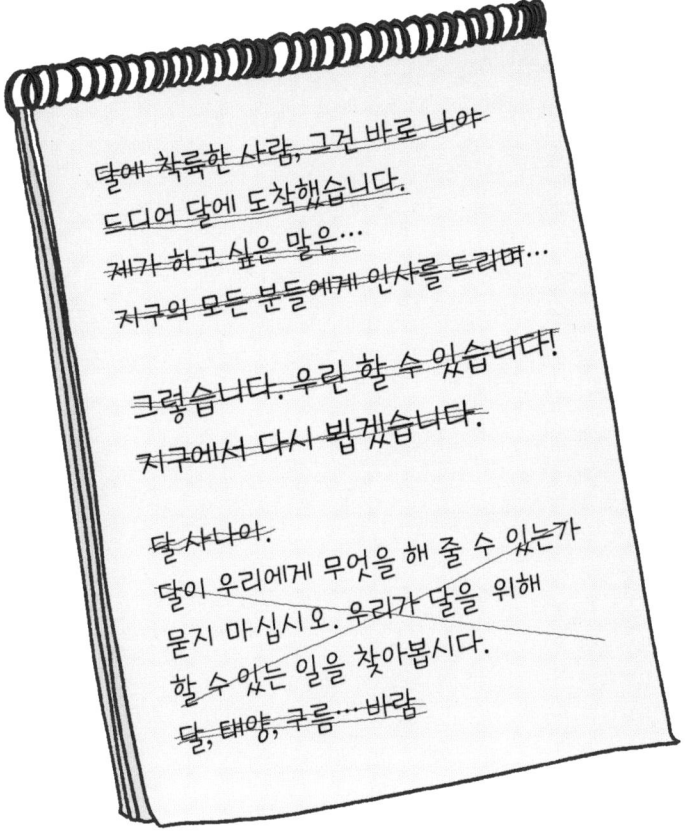

"자네가 말한 것을 생각해 보았는데……."

닐은 휴스턴 우주 관제소와의 통신 연결신을 끊고 말을 이었다.

"자네가 먼저 나가게."

버즈는 귀를 의심했다. 꿈만 같았다. 하지만 갑자기 태도를 바꾸어 기쁜 표정을 짓진 않으리라 마음먹었다. 바보

처럼 보이긴 싫었다.

"지금 농담하시는 겁니까?"

닐은 달 표면을 내려다보며 말했다.

"자네에게 그렇게도 중요한 일이라면……."

"하지만 휴스턴에서 뭐라고 할까요?"

"텔레비전 화면으로 우리를 구분할 수는 없을 거야."

버즈는 숨을 쉬지 못할 정도로 흥분했다.

"이야!!!"

버즈는 환성을 질렀다.

하지만 몇 초 뒤, 계속 기분 나쁜 척 행동하기로 한 결심을 잊은 것을 후회하였다. 그러나 다시 곰곰이 생각하니 후회할 이유도 없었다. 달 표면에 가장 먼저 발을 디딜 사람은 결국 버즈 자신이 될 테니 말이다. 버즈는 온 세상의 금메달을 모두 얻은 것처럼 기뻤다.

버즈는 어떻게 사다리를 내려갈까 머릿속으로 그려 보았다. 마지막 부분에선 멋지게 뛰어내리는 것도 좋을 것

같았다. 마치 스키점프 선수가 우아하고 멋지게 눈 위에 착륙하듯 말이다. 손가락으로는 브이 자를 그리며.

버즈는 전 세계 신문의 첫 페이지를 장식하는 자신의 모습을 떠올렸다.

텔레비전에도 출연하고, 주간지 기자들은 버즈를 인터뷰하려고 집 앞에 줄을 설 것이다.

금발의 미인들도 버즈와 대화를 나누려고 미소를 던질 게 분명했다. 아마도 버즈에게 무섭지 않았냐고 물을 것이다.

"하하, 글쎄요……. 저는 우주인이지 멍청이는 아니거든요."

버즈는 이미 대답도 생각해 놓았다.

학생들은 버즈를 주인공으로 글짓기를 할 것이다. 작가들도 버즈 이야기를 책으로 쓸 것이다. 어쩌면 실제 이야기를 바탕으로 한 다큐멘터리 영화가 만들어질지도 모른다. 그렇다면 버즈는 직접 영화에 출연하는 것을 조건으로 제시할 생각이다.

아, 어쩌면 버즈의 사진이 든 우표가 만들어질지도 모른다.

"이건 꿈같은 일이야."

버즈는 자신도 모르게 소리 내어 중얼거리고 말았다.

우표의 주인공이 되다니! 그렇다면 전 세계 사람들은 편지를 보내기 위해 버즈의 등에 침을 묻히겠지. 이런 영예로운 일이 내게 생기다니!

"이제 정신 바짝 차려야 하네. 곧 착륙할 걸세."

닐이 말했다.

버즈는 고개를 절레절레 흔들며 꿈같은 상상에서 벗어나려 노력했다. 하지만 여전히 온몸을 덮쳐 오는 간질간질한 느낌은 떨쳐낼 수 없었다. 버즈는 계기판에 정신을 집중했다. 달착륙선의 고도와 위치를 읽는 버즈의 목소리는 힘차기 그지없었다.

"앗! 이런……."

갑자기 닐이 소리를 질렀다.

버즈는 걱정이 되었다. 닐이 마음을 바꾸면 어떻게 하나 불안했다.

"무슨 일입니까?"

"착륙 장소를 지나쳐 버렸어."

버즈는 연료 계기판을 살펴보았다. 바늘이 붉은 칸을 가리키고 있었다. 달착륙선에 연료가 거의 없다는 표시였다.

"어디에 착륙해야 할까요?"

버즈가 물었다.

버즈는 왜 목소리가 떨리는지 이해할 수 없었다.

"새로운 장소를 찾아야 해."

버즈는 달 표면을 내려다보았다. 발밑에는 축구장만큼 큰 구멍이 입을 쩍 벌리고 있었고, 주위에는 커다란 돌덩이들이 수도 없이 흩어져 있었다. 조금 떨어진 곳에는 또 다른 구멍이 보였다. 만약 적당한 착륙 장소를 찾지 못하면 어떻게 해야 할까? 다시 되돌아갈 수 있을까?

경고음이 울렸다. 버즈는 깜짝 놀라 몸을 움츠렸다.

하지만 버즈는 티를 내지 않으려고 얼른 아무일 없다는 듯 표정을 지었다. 우주인이 아니었던가. 어떤 상황에서도 침착하게 문제를 해결할 수 있어야만 했다.

"프로그램 경고!"

닐이 소리쳤다.

계기판에는 '1202'라는 숫자가 반짝이고 있었다.

"무슨 일일까요?"

버즈는 우주선의 지침서를 펴들며 조심스레 물었다.

"나도 몰라."

"계기판에 1202라는 경고가 뜬다."

휴스턴 우주 관제소에서 통신이 왔다.

"알아 봐 주십시오."

버즈는 지침서를 펼쳤다. 손가락을 마구 떨고 있었다. 버즈는 아마도 달의 중력 때문일 것이라고 생각했다.

"1202는 기계에 무리가 가고 있다는 걸 의미한다."

휴스턴 우주 관제소에서 일러주었다.

'제발 도와주세요.'

버즈는 속으로 중얼거렸다.

"계속 진행하도록, 오버."

휴스턴 우주 관제소에서 다시 통신이 왔다.

"그래도 될까요?"

버즈가 말했다.

"상태가 심각한데요."

"알고 있다. 계속 진행하도록! 오버."

"고도와 위치 확인 바랍니다."

닐이 말했다.

버즈는 계기판을 보며 숫자들을 읽었다.

닐과 버즈는 휴스턴 우주 관제소의 결정을 믿었다. 하지만 백 퍼센트 믿을 수는 없었다.

귀를 찢는 듯한 경고음이 다시 울렸다.

1202 숫자가 계속 반짝였다. 버즈는 될 수 있으면 큰 소리를 내어 코웃음을 치려고 애썼다. 지금보다 더 큰 경고음을 많이 들었다. 예를 들면, 공항 같은 곳에서 울리는 사이렌 소리 말이다.

"다시 1202가 반짝여요."

달착륙선은 달 표면에서 일 킬로미터 정도 높이로 날고 있었다. 닐은 속도를 늦추었다. 다시 경고음이 울렸다. 버즈는 슬슬 짜증이 나기 시작했다. 만약 경고를 무시하고 계속 비행을 해도 된다면 왜 휴스턴 우주 관제소에서 경고음을 끄지 않는지 궁금했다.

그런데 갑자기 다른 경보가 울리기 시작했다.

"이번에는 1201입니다."

"1201?!"

닐은 거의 비명을 지르다시피 큰 소리로 외쳤다.

"알았다. 1201! 같은 종류이니 계속 진행하도록!"

휴스턴 우주 관제소의 답이었다.

　　버즈는 휴스턴 우주 관제소의 통신이 빠르다고 생각했다. 의심스러울 정도로 빨랐다. 확인도 안 하고 연락을 한다는 의심도 들었다.

　　버즈는 고도 계기판을 살펴보았다. 달착륙선은 이제 달 표면에서 겨우 삼백 미터밖에 떨어져 있지 않았다. 연료

는 거의 떨어져서 빨간 불이 반짝이고 있었다.

"시간이 별로 없어요."

"여긴 바위가 너무 많아."

"포기해야 하나요?"

버즈가 물었다.

"안 돼! 오버."

휴스턴 우주 관제소에서 들려왔다.

"포기는 안 돼!"

닐이 맞장구를 쳤다.

"새로운 착륙 지점을 찾았다."

버즈는 닐이 어디에 착륙선을 내릴 것인지 도저히 이해할 수가 없었다. 달 표면에는 바위 덩어리와 크고 작은 구멍들로 평평한 곳을 찾기 어려웠다. 닐은 한 구멍 쪽으로 달착륙선의 방향을 바꾸고 있었다. 닐은 아무 말도 하지 않았다. 연료 계기판은 숫자 '0'을 가리키고 있었다.

"연료 상태가 심각하다."

휴스턴 우주 관제소에서 다급한 목소리가 들렸다.

"육십 초 안에 해결하도록!"

육십 초만 지나면 모든 것이 멈출 것이다. 하지만 닐은 굳은 표정으로 달착륙선을 조종하며 창밖을 보았다. 포기할 생각이 전혀 없어 보였다.

'오, 하나님! 제발 도와주세요!'

버즈는 속으로 중얼거렸다. 두렵진 않았다. 전혀! 하지만 모든 일에 안전을 기하는 것은 결코 잘못된 일이 아니다.

착륙을 위해 역추진을 하자, 달 표면의 먼지들은 마치 짙은 안개처럼 달착륙선 아래에서 소용돌이를 만들어 냈다. 버즈는 달 표면에 무언가가 있을지도 모른다고 생각했다. 어쩌면 과학자들의 말이 맞는지도 몰랐다. 가는 먼지가 수십 킬로미터나 덮여 있어 발을 디디는 순간 몸이 푹 빠져버릴지도 모르는 일이었다.

육십 초는 이미 지난 것 같았다. 그렇다면 모든 기계들이 멈춰 버릴 텐데…….

창밖에는 여전히 먼지바람이 거세게 불고 있었다. 눈에 보이는 건 아무것도 없었다. 하지만 버즈는 달착륙선이 내려앉고 있다는 것을 느낄 수 있었다. 점점 깊이…….

버즈는 두려워졌다.

"아, 이젠 끝장이구나. 그래도 두 번째는 싫어!"

버즈는 두 눈을 지그시 감았다. 그리고 나쁜 생각을 날려 버리려고 온갖 노력을 다했다. 달착륙선은 점점 더 깊이 가라앉고 있었다. 버즈는 그것을 분명히 느낄 수 있었다.

갑자기 달착륙선이 벼락을 맞은 듯 흔들렸다. 달착륙선의 받침대 하나가 무언가와 부딪쳤다. 버즈는 깜짝 놀라 몸을 움찔했다. 다시 달착륙선이 흔들렸다. 다른 받침대가 달 표면에 닿은 것 같았다. 곧 모든 기계가 멈췄다. 버즈는 숨을 쉴 수 없었다.

달착륙선이 달 표면의 먼지 속으로 내려앉고 있는 것일까?

그건 아닌 것 같았다.

"이글 호, 착륙했습니다."

닐의 목소리였다.

버즈는 감았던 눈을 떴다. 닐은 미소를 지었다. 버즈도 얼른 미소를 만들어 보였다. 이마에는 땀방울이 맺혀 있었다. 버즈는 헬멧을 쓰고 있어서 천만다행이라고 생각했다. 닐에게 식은땀을 흘리는 모습을 보이고 싶지는 않았다. 버즈는 전혀 무섭지 않았다. 그저 조금 걱정이 되었을 뿐이다.

버즈는 밖을 내다보았다. 소용돌이치던 먼지바람은 어느새 가라앉았다. 셀 수 없이 많은 나지막한 언덕 위에는 회색빛 먼지가 덮여 있었다. 돌멩이들은 긴 그림자를 늘어뜨리고 있었고, 크레이터 구멍은 칠흑처럼 캄캄했다.

여기는 황무지나 다름없었다. 무서운 전염병이 쓸고 지나간 곳 같기도 했다.

버즈는 심장 박동이 빨라지는 걸 느꼈다. 온몸에는 한기와 온기가 번갈아가며 스쳤다. 그리고 닭살처럼 피부가 오돌도돌 돋아 올랐다.

버즈는 달에 무서운 병균이 있는 게 틀림없다고 생각

했다. 어쩌면 방사능 물질이 곳곳에 퍼져 있는지도 몰랐다. 만약 버즈가 달에 발을 디딘다면 순식간에 목숨을 잃을지도 모르는 일이었다.

닐은 헛기침을 하며 임무 리스트를 확인했다.

"지금은 밥을 먹어야 한다고 적혀 있는데?"

버즈와 닐은 밥을 먹기 시작했다. 버즈는 될 수 있는 한 천천히 씹었다. 마치 재를 씹는 것 같았다.

"자, 이젠 휴식을 취할 시간이야. 다섯 시간 동안."

다시 임무 리스트를 확인한 닐이 말했다.

버즈는 지금이 기회라고 생각했다. 닐이 잠을 자고 있는 동안 달착륙선을 조종해서 다시 마이클이 있는 우주선으로 돌아갈 수도 있을 것이다. 운이 좋다면 닐은 우주선에 도착할 때까지 계속 잠을 잘지도 몰랐다.

"이렇게 가만히 앉아 있으니 좀이 쑤시는걸."

갑자기 닐이 말문을 열었다.

"지금 밖으로 나가보는 게 어떨까?"

버즈는 현기증이 났다. 당장에라도 중심을 잃고 쓰러질 것만 같았다.

"그런데……."

버즈는 최대한 침착한 목소리로 말하려고 노력했다.

"그건 안 될 것 같은데요. 휴스턴 우주 관제소에서 화를 내면 어떻게 하죠?"

닐의 양 볼이 갑자기 붉어졌다. 닐은 얼른 휴스턴 우주 관제소와의 통신 연결선을 껐다.

"이미 약속했잖아!"

"기분이 별로 좋지 않아요."

버즈가 기어들어가는 목소리로 말했다.

"그냥 달착륙선 안에 남이 있을까 봐요."

"이건 명령이야. 자네가 먼저 나가게."

닐이 말했다.

닐은 다시 휴스턴 우주 관제소와의 통신 연결선을 켠 뒤, 버즈를 쏘아보았다.

"달 탐사를 예정보다 앞당겨 주기를 부탁합니다. 얼른 일을 시작하고 싶습니다."

버즈는 세차게 고개를 저었다. 그 바람에 헬멧에 머리가 부딪치기도 했다.

곧 휴스턴 우주 관제소에서 연락이 왔다.

"좋다. 당장 일을 시작하도록! 오버!"

닐의 눈동자는 마치 햇살처럼 반짝였다.

닐은 휴스턴 우주 관제소와의 통신 연결선을 끈 다음, 버즈에게 말했다.

"탐사 장비를 갖추도록 하게. 내 말을 따르지 않는다면 우주 관제소에 그대로 말하겠네."

버즈는 꼼짝도 하지 않고, 그 자리에 가만히 서 있었다.

"지금은 정말 곤란합니다."

닐은 이맛살을 찌푸렸다. 다시 통신 연결선을 켰다.

"휴스턴, 문제가 생겼습니다."

"무엇인가? 오버!"

"버즈가 달 탐사를 거부합니다."

버즈는 숨이 막힐 것 같았다. 이런 일은 생기지 않을 줄 알았다. 모든 게 잘못 되었다. 유명해지기는커녕 벌을 받을지도 몰랐다.

버즈는 더 이상 자기가 최고라고 생각할 수 없었다. 두렵다는 걸 인정해야만 했다.

"자신이 없어요."

아무래도 너무 크게 말한 것 같았다. 닐도 아무 말을 하지 않았고, 휴스턴 우주 관제소에서도 한동안 아무 말도 하지 않았다. 정적이 흘렀다. 버즈는 닐을 똑바로 쳐다볼 수 없었다. 하지만 닐이 자기를 뚫어지게 쏘아보고 있다는 걸 잘 알고 있었다.

통신 장치에서 '삐익' 잡음이 들렸다.

"버즈, 휴스턴이다. 잔소리 말고 얼른 탐사 작업을 시작하도록. 지금 당장!"

버즈는 양 볼이 화끈 달아올랐다. 버즈는 우주복을 뚫어

* "자신이 없어요." 또는 "용기가 나지 않아요."라는 뜻의 세계 여러 나라 언어.

지게 바라보았다. 이 무슨 망측한 일이란 말인가.

달까지 와서……. 무엇 때문에 이런 일을 해야 하지? 그건 그렇고 오줌이 마려워 죽을 지경이었다.

버즈는 고개를 절레절레 흔들었다.

"버즈가 하겠답니다."

닐이 말하는 소리가 들렸다.

"아무 문제 없습니다. 오버!"

닐은 우주 관제소의 통신 연결선을 끈 뒤, 아무 말 없이 버즈를 지나쳤다. 그러곤 탐사 장비를 점검했다.

"할 수 없지. 뭐, 혼자 나가는 수밖에……."

닐이 혼잣말로 중얼거렸다.

버즈는 불편한 시간이 지나갔다고 생각했다. 하지만 온몸이 붕 뜨는 것만 같은 기분이 드는 건 어쩔 수 없었다. 버즈는 닐의 등 뒤로 갔다. 그리고 산소통을 등에 얹어 주었다.

"이해해 주셔서 고맙습니다."

버즈가 말했다.

닐은 한숨으로 대답을 대신했다.

버즈도 산소통을 져야만 했다. 문이 열리면 달 공기가 달착륙선 안으로 들어올 것이다. 무수한 병균이 가득한 공기, 산소가 없는 공기 말이다.*

닐이 산소통을 짊어질 때, 버즈가 모르고 계기판의 스위치를 눌렀다. 다행히 바로 다시 눌러 꺼서 아무 일도 일어나지 않았다.

그런데 닐이 문을 열려고 애를 썼지만 쉽지 않았다.

"이런……."

닐이 한숨을 쉬었다.

"걱정할 필요는 없어. 문이 열리지 않으면, 다시 지구로 돌아가서 기술자들에게 문을 고치라고 하면 되잖아. 달에는 다음에 다시 와도 괜찮지 않을까?"

*실제로 달은 중력이 작아 지구처럼 공기가 없다. 여기에서는 버즈가 상상을 하는 모습으로 이렇게 표현하였다.

이번엔 버즈가 손잡이를 당겨 보았다. 문은 여전히 꼼짝도 하지 않았다.

닐도 옆에서 버즈를 도왔다.

"달 탐사를 연기해야 할 것 같아. 서두를 일은 아니잖아?"

"선장님도 두려우십니까?"

"아니야. 그저 마음이 내키지 않을 뿐이라네. 지금 당장은 말이야."

"이제 작은 한 발자국만 내밀면 되는데……."

버즈는 허공을 바라보며 혼자서 중얼거렸다.

그러자 닐이 갑자기 몸을 움찔했다.

"지금 뭐라고 했나? 작은 한 발자국?"

버즈는 고개를 끄덕였다. 닐은 얼른 메모지 뒷면에다 적었다.

"발자국 말고 그 비슷한 다른 말은 없을까?"

"발걸음?"

"음……, 그것보다 더 큰 움직임을 표현할 수 있는 걸

한 번 생각해 봐."

"뜀뛰기? 도약?"

"도약! 그래, 바로 그거야! 고마워, 버즈."

닐은 버즈에게 고맙다는 말을 하고는 힘껏 문손잡이를 당겼다. 그러자 문이 활짝 열렸다.

닐은 무릎을 굽혀 천천히 사다리 아래로 내려갔다. 막 달 표면으로 내려가기 전에 닐은 몸을 돌려 말했다.

"마음이 바뀌면 언제라도 나오게나."

"용기가 없어요."

닐은 버즈의 두 눈을 똑바로 쳐다보았다.

"난 내가 겁쟁이라는 걸 인정할 용기가 없네. 적어도 휴스턴 우주 관제소에서 듣고 있을 때는 말이야. 더구나 전 세계 사람들이 텔레비전으로 지켜보고 있을 때는 더더욱 그래."

아! 텔레비전! 버즈는 텔레비전을 까맣게 잊고 있었다. 버즈는 한숨을 푹 내쉬고 싶었지만 억지로 참았다. 아름다운 금발의 미녀들이 지켜보고 있을 생각을 하니 한숨을

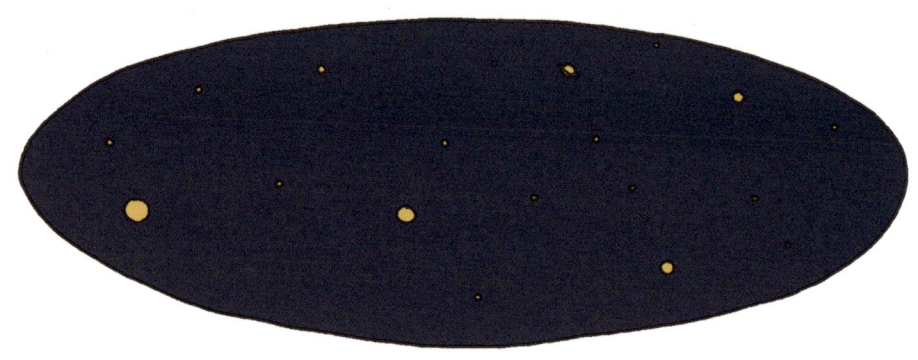

쉬면 안 될 것 같았다.

"솔직히 말하면 자네는 꽤 용감한 사람이야."

닐이 말했다.

닐은 사다리 아래로 내려갔다. 버즈는 얼른 문을 닫았다. 병균이 못 들어오게 말이다. 버즈는 달착륙선 안에서 닐을 바라보았다. 닐은 아주 천천히 한 발자국, 두 발자국 걷고 있었다. 닐의 두 발은 달 표면의 먼지 속으로 조금 빠져드는 것 같았지만 깊게 빠지진 않았다.

닐은 걸음을 멈추더니 목을 가다듬고 말했다.

"이것은 한 사람에게는 작은 발걸음이지만, 인류에게는 커다란 도약입니다."

버즈는 닐의 말이 맞다고 생각했다. 닐에게도 달 여행은 큰 도약이라 할 수 있었다. 적어도 이런 멋진 말을 생각해 낼 수 있다면 닐은 꽤 괜찮은 사람인 듯도 싶었다. 버즈는 자기라면 도저히 그런 말을 할 수 없었을 거라고 생각했다.

아니, 가만 있어 보자. 닐이 한 말은 버즈가 생각해 낸 말이 아니었던가? 발걸음과 도약!

버즈는 닐을 바라보았다. 닐은 여전히 천천히 앞을 향해 하늘을 나는 것처럼 가볍게 움직이고 있었다.

가는 먼지가 마치 물속 깊이 있는 흙처럼 닐이 발을 디딜 때마다 위로 솟구쳐 올랐다.

아무리 봐도 닐이 병균 때문에 목숨을 잃지는 않을 것 같았다.

버즈는 조금씩 후회가 되기 시작했다. 텔레비전에 나올

기회를 스스로 내 팽개친 건 아닐까? 유명해지고 싶은 마음도 다시 슬슬 생겼다.

그래도 달에서 죽고 싶은 생각은 조금도 없었다. 달이 안전하다는 것은 아무도 확신할 수 없지 않은가? 죽고 나서 텔레비전에 나온다면 무슨 소용이 있을까?

하지만 죽고 나면 후회할 기회도 없을 것이다. 아직 늦지 않았다.

버즈는 살그머니 문을 열었다. 그리고 무릎을 굽혀 조심스레 사다리를 내려갔다. 마치 수영장 물속으로 걸어 들어가는 느낌이었다. 그러다 사다리 중간쯤에서 멈췄다.

아마 그런 일을 한 사람은 지구에 사는 모든 사람들 중에서 버즈가 처음일 것이다.

바로 달에 오줌을 눌 일 말이다.

용감하다고 할 수는 없지만 정말 필요한 일이었다. 기분도 좋아졌다.

버즈는 미끄럼을 타듯 사다리를 내려왔다. 달에 내려온 버즈는 마치 춤을 추듯 달 위를 걷기 시작했다.

살짝 뛰어 보기도 했다. 하늘을 나는 기분이었다.

닐은 지진계*를 달 표면에 꽂고 있었다.

"아, 드디어 왔군."

닐이 반갑게 맞았다.

"예."

버즈는 대답을 하며 저 멀리 지평선을 바라보았다. 모든 것이 회색빛을 띠고 있었다.

"그래, 여긴 생명체라곤 전혀 찾을 수 없는 허허벌판이야."

닐도 고개를 들고 버즈와 함께 먼 지평선을 바라보았다.

"몇몇 암석과 흙, 그리고 모래들을 채취해야겠어."

"사진도 찍고요."

***지진계** : 땅의 움직임과 지진의 진동을 자동으로 기록하는 기계.

버즈가 거들었다.

할 일은 많았다. 깃발도 꽂아야 했다. 여러 장비들을 달 표면 여기저기에 설치해야 했고, 사진도 찍어야 했다. 갑자기 우주 관제소에서 통신이 왔다. 대통령의 반가운 목소리였다.

두 시간 반 정도가 지나자, 우주 관제소에서 달착륙선으로 돌아가라는 통신이 왔다. 버즈는 다시 돌아갈 수 있다는 생각에 말할 수 없이 기뻤다. 그렇다고 달이 지겹다거나 불쾌한 곳은 아니었다. 사실 달 위를 걸어 보았다는 건 꽤 흥미로운 일이기도 했다. 그래도 달에 더 있고 싶지는 않았다.

버즈와 닐은 여기저기서 채취한 암석과 흙을 달착륙선으로 가져왔다.

그리고 달착륙선 안에 있던 쓰레기들을 달로 내보냈다. 달착륙선의 무게를 조금이라도 가볍게 하기 위해서였다. 우주복도 내보냈다.

이제 쉴 시간이었다. 닐과 버즈는 매우 피곤했다.
버즈는 걱정이 되어 닐에게 물었다.
"우주선을 찾지 못하면 어떻게 하죠? 우주선과 달착륙선을 연결시키지 못한다면 우리는 어떻게 될까요?"
"그럼, 우린 우주 고아가 될 거야."
닐이 대답했다.

"맞아요, 그렇겠지요."

"우린 통조림 속 정어리처럼 달착륙선 안에 갇혀 우주를 떠돌게 될 거야."

버즈는 갑자기 두려워졌다. 하지만 곧 큰 소리로 웃었다. 그러자 기분이 좀 나아졌다.

달착륙선에 시동을 걸기 전에 버즈와 닐은 계기판과 스위치들을 다시 한 번 확인했다.

버즈의 얼굴이 일그러졌다. 엔진 시동을 거는 손잡이가 부러져 있었다.

버즈는 걱정이 되어 견딜 수가 없었다. 뒷목이 따끔따끔 아파 왔다. 심장 박동도 빨라졌고, 입술도 바짝바짝 마르기 시작했다.

버즈는 언젠가 이런 경험을 했던 기억이 났다. 그렇다. 버즈도 분명 무서워한 적이 있었다. 버즈는 심호흡을 하면 기분이 나아질지도 모른다고 생각했다.

숨을 깊이 들이쉰 버즈는 천천히 숨을 다시 내쉬었다.

그러나 무서운 마음은 사라지지 않았다. 심장 박동도 여전히 빨랐다.

  버즈는 부러진 손잡이를 살펴보았다. 손잡이 전부가 부러진 건 아니었다. 조금 긴 작대기를 찾아 손잡이 안에 밀어 넣으면 움직일 수도 있을 것 같았다.

버즈는 주머니에서 볼펜을 꺼냈다. 볼펜은 부러진 손잡이를 대신할 만큼 충분히 길었다.

"휴스턴!"

버즈는 힘차게 외쳤다.

"이제 엔진 시동을 겁니다, 오버!"

버즈는 점점 멀어져 가는 달을 내려다보았다. 달이 차츰차츰 작아졌다.

"오늘 이 일로 세상 사람들이 더 행복해질 수 있을까?"

닐이 말했다.

버즈는 갑자기 가슴이 터질 것처럼 행복했다. 가만히 생각하니 화를 낼 이유도 없었다. 이젠 불쾌하고 무뚝뚝한 표정을 짓지 않아도 된다는 생각에 버즈는 가만히 미소를 지었다.

"적어도 더 불행해지진 않겠지요."

버즈가 대답했다.

"달의 암석과 흙을 가져갈 수 있으니 얼마나 좋아?"

"예, 맞아요. 아주 훌륭한 기념품이죠."

"아이들이 태어나고 또 손자들이 태어나 놀이터 모래 위에서 놀 때, 우린 달의 모래에 대해서 이야기해 줄 수 있을 거야."

"아마 우리 말을 믿지 않으려 할 것 같은데요."

버즈가 미소를 지으며 말했다.

"참, 사진을 찍었으니, 믿을 수밖에 없겠군요."

아폴로 11호와 우리나라 우주개발 이야기

최초의 유인 달 탐사선 아폴로 11호

우주선 '아폴로'와 '이글 호'의 이름은 어디서 왔을까요? '아폴로'라는 이름은 그리스 신화에 나오는 여러 신 가운데서 가장 재능이 많은 아폴로 신에서 나왔어요. 아폴로 신은 달의 여신인 아르테미스와 쌍둥이 남매로 빛을 관장하는 태양신이지요.

아폴로 우주선 이름에는 태양신인 아폴로가 달의 여신인 누이동생을 만나러 간다는 의미도 담고 있기도 해요.

달착륙선 '이글 호'의 이름은 달 탐사 우주 계획에 참여한 과학자, 우주비행사, 기술자 등 모든 사람을 배려하여 사람 이름을 넣지 않고, 닐 암스트롱의 제안으로 미국의 상징 동물인 '흰머리수리'를 따서 붙었어요.

옷의 가슴에 보이는 독수리 모양이 달착륙선 이글 호의 상징이에요.

우주복은 어떤 걸까요?

지구 밖의 우주 공간이나 달 표면은 사람이 살기 힘든 환경이에요. 그래서 우주비행사들이 우주에 있을 때나, 달 착륙을 했을 때는 몸을 보호할 수 있는 튼튼한 섬유, 금속, 플라스틱 재질로 만든 우주복을 입어요. 우주복에는 오줌 주머니라는 간이 소변기가 있어요. 우주인들이 우주복 밖으로는 오줌은 눌 수는 없어요. 이 오줌 주머니를 이용해요. 《달에 맨 처음 오줌 눈 사나이》는 상상을 더한 동화로 오줌 누는 모습은 오줌주머니에 오줌을 눈 것을 말해요.

국제우주정거장과 화장실

국제우주정거장에서 실험하는 우주인 이소연 박사의 모습

국제우주정거장은 지구를 돌고 있는 아주 큰 우주선이라고 생각하면 돼요. 국제우주정거장은 과학자들이 오랫동안 머물면서 과학 연구를 하는 곳이기도 해요. 그래서 많은 과학 연구 장비들이 있죠.

가장 먼저 우주정거장을 만든 나라는 러시아(옛 소련)예요. 1971년에 만들어서 발사를 했지요.

지금은 미국, 러시아 등 열여섯 나라가 힘을 합쳐서 2010년에 완성을 목표로 만들고 있어요. 지금 만들고 있는 우주정거장의 이름은 국제우주정거장으로서 축구장의 1.5배 크기랍니다.

맨 처음 달에 착륙한 아폴로 11호에는 화장실이 없었어요. 그래서 오줌 주머니라는 간이 소변기를 사용했지요. 하지만 지금은 국제우주정거장에 화장실이 있어요. 우주선 안은 무중력 상태라 화장실에 있을 때 몸이 둥둥 뜨지 않게 발을 고정하는 고리와 손잡이가 있어요. 덕분에 지금은 집에서처럼 편하게 사용할 수 있답니다. 국제우주정거장에는 잠을 자고 책도 볼 수 있는 개인 휴게실도 있어요.

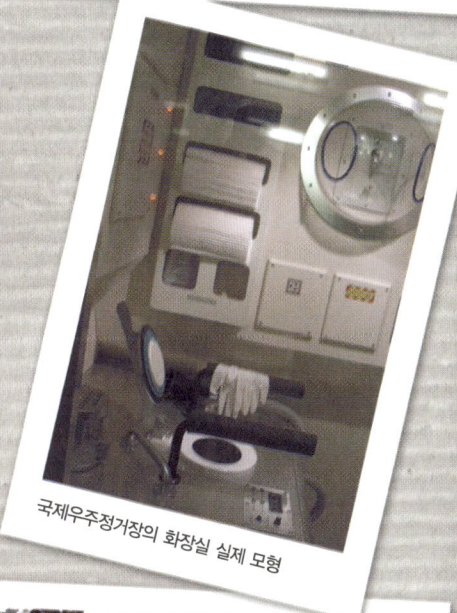

국제우주정거장의 화장실 실제 모형

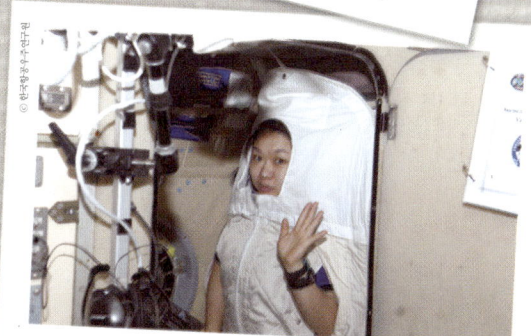

국제우주정거장에서 취침을 준비하는 우주인 이소연 박사의 모습

우주개발을 위한 우리의 노력

2008년 4월 8일은 우리나라 유인 우주개발 역사에 있어 감격적인 날이에요. 대한민국 최초 우주인 이소연 박사가 소유즈 우주선을 타고 광활하게 펼쳐진 우주를 향해 날아올랐던 날이죠. 이날 수많은 국민들이 지켜보았고, 우리 가슴 속에 우주라는 꿈을 그린 날이었어요.

우리나라는 1992년에 우리나라 최초 인공위성 우리별 1호 발사를 시작으로 2006년 아리랑위성 2호까지 약 20년도 안 되는 짧은 기간에 10여개의 위성을 발사했고, 한국 최초 우주인을 배출했어요. 그리고 '우주개발 진흥기본 계획'을 세워 우주개발을 착실히 준비하고 있답니다. 우리나라는 2020년에는 달 궤도에 탐사위성을 보내고, 2025년쯤에는 달 탐사 착륙선을 보내 달을 탐사하는 계획을 세우고 있어요. 우주과학이 발달한 미국, 러시아 같은 다른 나라들 보다는 늦었지만, 그 우주강국들이 오래 전에 시작하여 지금까지 이루어낸 결과로 보면 우리나라의 우주개발 속도는 매우 빠르답니다. 빠른 기간에 한강의 기적을 이루었고, IT 과학 강국으로 발전한 우리나라인 만큼 앞으로 우주개발과 과학기술 발전에 기대를 걸고 있어요.

이런 우주개발은 우리의 생활과 관계가 깊어요. 길을 알려주는 내비게이션, 운동화에 있는 펌프, 집에서 쓰는 정수기 모두 우주개발로 만든 것들이에요. 이처럼 우주개발 기술들은 시간이 지나면서 우리 실생활을 편리하게 해 주는 여러 제품들로 개발이 되기 때문에 우주개발과 우리 실생활은 함께 발전해 나가고 있답니다.

또 우주개발 기술은 그 나라의 과학기술 수준과 국가 경쟁력을 나타나는 상징이 되고 있어요.

우주개발이 이제는 꿈과 상상이 아닌 현실이 되어가고 있는 지금 우리 어린이 모두가 우주와 과학에 관심을 많이 갖고 노력을 기울인다면 우리 나라가 세계에서 가장 강한 우주강국, 과학강국이 될 거예요.

한국항공우주연구원 우주과학팀장 **이주희**

* 원고의 내용과 사진은 한국항공우주연구원 우주과학팀장 이주희 님과 한국항공우주연구원에서 도움을 주셨습니다.

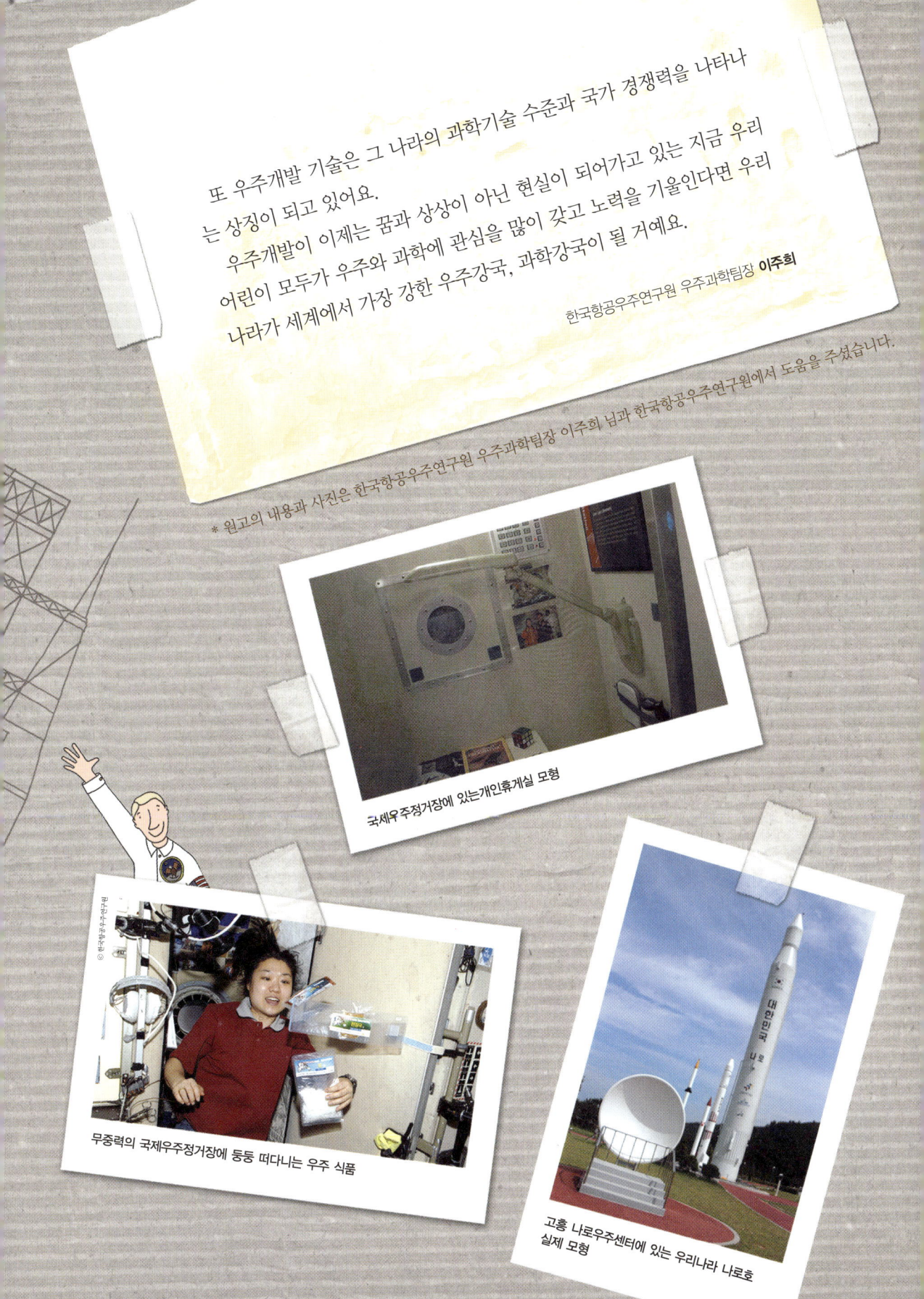

국제우주정거장에 있는 개인휴게실 모형

무중력의 국제우주정거장에 둥둥 떠다니는 우주 식품

고흥 나로우주센터에 있는 우리나라 나로호 실제 모형

지은이 엔드레 룬드 에릭센

노르웨이의 북부 도시 트롬소에서 살고 있으며, 동화 작가입니다. 노르웨이 아동 도서상인 '올해 가장 좋은 아동 도서상(ARKs barnebokpris)'을 두 번 수상하였습니다. 작가의 작품에서 청소년 도서상을 받은 《악동 테리에》는 영화로도 만들어졌습니다.

그린이 토릴 코베

캐나다 몬트리올에서 살고 있으며, 만화와 그림 작가로 활약하면서 강의를 하고 있습니다. 작가의 단편 애니메이션 《할머니는 임금님의 셔츠를 다림질 했어요(Min bestemor stroek kongens skjorter)》는 오스카상 후보에 올랐고, 다른 작품 《덴마크 시인(Den danske dikteren)》은 오스카상을 수상하였습니다.

옮긴이 손화수

한국외국어대학교에서 영어를 공부하였습니다. 1998년에 노르웨이로 건너가, 노르웨이 크빈헤라드 고등종합학교 강사, 크빈헤라드 예술학교 전임 강사로 있으면서 노르웨이 문학 협회 소속 번역가로 활동하고 있습니다. 우리말로 옮긴 책으로는 《행복은 철학이다》, 《피렌체의 연인》, 《행복을 훔치는 도둑, 우울증》, 《요한 기사단의 황금사자》, 《말 도둑놀이》, 《악동 테리에》, 《보자기 유령 스텔라》 들이 있습니다.

감수 이주희

경희대학교 우주과학과를 졸업하고 지금은 한국항공우주연구원에서 우주과학팀장으로 있습니다. 우주과학 분야의 전문가로 '한국우주인배출사업(2004년~2008년)'에 참여하였고, 과학기술앰버서더로도 활동하고 있습니다.

담푸스 어린이 01

달에 맨 처음 오줌 눈 사나이

초판 1쇄 펴낸날 2010년 1월 6일
초판 5쇄 펴낸날 2013년 9월 23일

글쓴이 엔드레 룬드 에릭센
그린이 토릴 코베
옮긴이 손화수
감 수 이주희

펴낸이 이종미
펴낸곳 담푸스
대 표 이형도
등 록 제395-2008-00024호
주 소 (우)410-380 경기도 고양시 일산동구 장항동 731-1 성우사카르타워 601호
전 화 031)907-8512 팩스 031)907-8515, 0303-0202-4573
메 일 dhampus@naver.com
카 페 http://cafe.naver.com/dhampusbook

기 획 권인수, 공순례
마케팅 이상영, 신기탁, 김윤정
디자인 투피피

책값은 뒤표지에 있습니다.
잘못 만든 책은 구입하신 서점에서 바꾸어 드립니다.

ISBN 978-89-961456-5-3 73890

*This book has been published with the financial support of Norla

이 도서의 국립중앙도서관 출판시도서목록(CIP)은 e-CIP 홈페이지(http://www.nl.go.kr/cip.php)에서 이용하실 수 있습니다. (CIP제어번호 : CIP2009003498)